मन की बात

जब मैं इस संसार में आई तो मेरे आने से पूर्व परमपिता परमेश्वर ने मेरे लिये दो दयालुओं को पहले से ही दुनिया में भेज दिया था। इनमें से एक दयालु थीं मेरी माँ श्रीमती ब्रजदुलारी जौहरी तथा दूसरे थे मेरे पिता श्री लक्ष्मण स्वरूप जौहरी। उनकी गोद में खेलकर मैं बड़ी हुई। पूजनीया जिया और पूज्य बाबू जी तथा अपने सभी बड़े भाई-बहनों के प्यार से मेरा पल्लवन हुआ है। इन सबको मेरा प्रथम नमन।

जिन सास-ससुर (स्व० श्रीमती गंगा देवी तथा स्व० श्री नारायण दास सक्सैना) को दुर्भाग्य से मैं नहीं देख सकी, उनको भी मेरा शतश: नमन।

मेरी प्रथम संतान बेटी कु॰ कविता, जो मात्र तीन वर्ष में ही यह संसार छोड़ गई उसकी स्मृति भी हमेशा मन में रहती है। मेरी इन कविताओं की पंक्तियों को सबसे पहले मेरे बच्चों-वन्दना कुँअर' और प्रगीत कुँअर ने अपने बचपन में सुना और सराहा। अब मेरी धेवती वर्णिका और धेवता सिद्धार्थ इन कविताओं को सुनकर प्रफुल्लित होते रहते हैं। मेरे प्रिय जामाता श्री शरद रायज़ादा भी बच्चों जैसा मन रखते हैं, उन्हें भी मेरे ये गीत अच्छे लगते हैं। इस बाल-गीत-संकलन के प्रकाशन के मूल में कहीं-न-कहीं उनकी प्रेरणा रही है। मैं उनकी भी आभारी हूँ।

पुस्तक के प्रकाशन में मेरे पुत्रवत् प्रिय दुर्गेश अवस्थी का पूरा सहयोग रहा। मैं उनका भी आभार प्रकट करती हूँ।

अन्त में, मैं अपने पति श्री कुँअर बेचैन जी, जो दो वर्ष पूर्व मेरा साथ छोड़कर चले गये, की यादों को समेटे हुए अपना यह संग्रह उनको समर्पित करती हूँ। जिन्होंने मेरी टूटी-फूटी पंक्तियों को कविताओं का रूप दिया। वह मेरे प्रेरणा-स्रोत रहे।

मैं डायमंड पब्लिकेशन के प्रकाशक श्री नरेन्द्र कुमार वर्मा जी की भी आभारी हूँ जिन्होंने मेरी रचनाओं को एक सुन्दर पुस्तक का रूप दिया।

-संतोष कुँअर

अनुक्रमणिका

माँ मुझे वरदान दो।
प्रीत के नवगान दो
मैं बनूँ ऐसा-सितारा
जो बने जग का सहारा
जो भँवर में फंस गये हैं
मैं बनूँ उनका किनारा
अश्रु हैं जिनके नयन में
तुम उन्हें मुस्कान दो।
माँ मुझे वरदान दो।

यह धरा पूरा गगन
कर रहा तुमको नमन
माँ मुझे भी लग गई
अब तो तेरी ही लगन

जग सरोवर में मुझे भी
हंस जैसा मान दो
माँ मुझे वरदान दो।

1.

सभी बड़ों को करो प्रणाम
घर में ही हैं चारों धाम।

मात-पिता हैं दोनों जिसके
उससे अधिक न कोई महान।

मस्जिद में गीता को पढ़ लें
मंदिर में हम पढ़ें कुरान।

सब धर्मों का सजदा करते
लगते हमको सभी समान।

बच्चों सब मिल-जुलकर गाओ
सुखी रहे सब जान-जहान।

2.

चन्दा मामा के घर जाऊँ.
उनका चरखा देखके आऊँ।

पास में उनके बैठा कौन
दादी-नानी क्यों हैं मौन।

बेटा, हमको रहा न दीख
तुमको हम क्या दें अब सीख।

3.

बागों में कोयल यों बोली
आम आ गये भर लो झोली

खट्टे मीठे सब ही खाती
फिर भी मीठे गीत सुनाती

बच्चों तुम भी मीठा बोलो
सारी दुनिया में रस घोलो।

चार चवन्न

4.

काली   कोयल   बड़ी   निराली
फुदक   रही   है   डाली-डाली

गाना   हमें   सुनाती   है
आम   रसीले   खाती   है

मधुऋतु में   वह   आती   है
सर्दी   में   छुप   जाती   है।

5.

छोटी सी यह गुड़िया
है जादू की पुड़िया
नये खेल दिखलाती है
अच्छी सीख सिखाती है
सीटी बनकर बजती है
कभी मेज पर सजती है
कभी पेट पिचकाती है
कभी तोंद दिखलाती है
कभी नमस्ते करती है
कहकर तुन-तुन-तुनिया
यह छोटी सी गुड़िया।

चार चव

6.

सावन आया सावन आया
धूम धड़ाका संग में लाया

बच्चों ने हैं झूले डाले
गाने गाये बड़े निराले

बागों में छाई हरियाली
दादुर ने भी तान मिला ली

फूल खिले हैं गुलशन में
माली हर्षित है मन में

उसने भी यह गीत सुनाया
सावन आया सावन आया

7.

प्यारी   गौरेया   ले   आई
अपने   मुँह   में   दाना
साथ चिड़े के मिलकर खाया
इन   दोनों   ने   खाना
खा-पीकर दोनों ने छेड़ा
प्यारा   नया   तराना
ता-ना-ना-ना-   ताना'
ता-ना-ना-ना-   नाना

आओ बच्चों खेलें खेल
सब मिलकर बन जाओ रेल
बन्नू तुम इंजन बन जाओ
सिद्धू तुम पीछे लग जाओ
आपस में तुम रखना मेल
आओ बच्चों खेलें खेल।

छुक-छुक-छुक-छुक बढ़ते जाना
धक-धक- धक-धक गीत सुनाना
पर मत करना ठेलम-ठेल
आओ बच्चों खेलें खेल।

बंदर मामा लाये ढोल
बजा–बजाकर खोलें पोल।
दाना हम सबको देते हैं
लिये तराजू तोलम तोल।
महंगाई बढ़ती जाती है
खूब बढ़ गया उनका मोल।
सफेद पोश सब बनते हैं
जब खुलता है उनका खोल।
बंदर मामा लाये ढोल।

10.

तितली रानी, तितली रानी
कैसे तुम पीती हो पानी।

पंखों के रंग हैं निराले
जैसे सब होली पर डाले
तुम लगती परियों की रानी
तितली रानी, तितली रानी।

बाग-बगीचों में तुम जातीं
फूलों से तुम रस ले आतीं
सबको लगती बड़ी सुहानी
तितली रानी, तितली रानी।

11.

जंगल में जब हुआ चुनाव
अपना-अपना माँगे दाव।

जंगल के राजा जी आये
सबने उनको शीश झुकाये।

पहले बोला था खरगोश
उड़े हुए थे सबके होश।

तभी लोमड़ी आकर बोली
तुम सब भर दो मेरी झोली।

बंदर मामा लाये ढोल
बजा-बजाकर खोलें पोल।

राजा ने जब दहाड़ लगायी
याद सभी को नानी आयी।
सबको अपना दाव मिलेगा
जो मेरा सत्कार करेगा।

12.

प्यारा-प्यारा है खरगोश
रहता सदा वह खामोश
कितनी सुन्दर आँखें हैं
तरबूजे की फाँखें हैं
मूली, और गाजर वह खाता
गोभी, शलजम खूब चबाता
उछल कूद वह खूब मचाता
दौड़ लगा पिंजरे में जाता
रहता सदा ही वह मदहोश
प्यारा-प्यारा है खरगोश

13.

रेल चली भई रेल चली
डिबिया जैसी रेल चली
इसके छोटे डिब्बे हैं
बैठे बच्चे, बुड्ढे हैं।
छोटे-छोटे पहिये हैं
तेज बड़ी वह चलती है
छुक-छुक, छुक-छुक करती है
जगह-जगह पर होकर आयी
सबके मन को वह हर्षायी।

टप-टप, टप- टप बहे पसीना
गर्मी में मुश्किल है जीना
रोज सवेरे बादल आते
बूंद-बूंद को वह तरसाते
यूँ तो बादल रोज गरजते
पर उड़ जाते नहीं बरसते
बिजली के भी नखरे रहते
हम सारे उसको भी सहते
सिद्धू कहता पढ़ें हम कैसे
बन्नू कहे लड़ें हम कैसे
होमवर्क करना है मुश्किल
इससे तो तरना है मुश्किल
चैन हमारा सारा छीना
टप -टप, टप-टप बहे पसीना।

मम्मी-मम्मी,   मम्मी-मम्मी
दे दो हमको चार चवन्नी
एक टॉफी हम लायेंगे
आधी-आधी   खायेंगे
प्यार हमेशा बाँटेंगे
मिलकर हर दुःख छाँटेंगे
भाई-बहन का प्यार हैं हम
राखी का त्यौहार हैं हम
एक रहेंगे जीवन भर
फिर हमको किसका है डर
कहती शोभा कहता सन्नी
मम्मी-मम्मी,   मम्मी-मम्मी
दे दो हमको चार चवन्नी।

16.

मेरा भारत देश महान
यही हमारी देखो शान
हिन्दू-मुस्लिम, सिक्ख ईसाई
रहते मिलकर भाई-भाई
होली, दिवाली, ईद मनाते
क्रिसमिस, लोहड़ी गीत हैं गाते
देश पे जब संकट आता है
सब मिलकर होते कुर्बान।
मेरा भारत देश महान

17.

मेरा   प्यारा   गाँव   है
बरगद   की   जहाँ   छाँव   है।

उसमें   बहती   एक   नदी
जिसमें   चलती   नाव   है।

खेतों   में   गेंहू   की   बाली
लगती   है   वह   बड़ी   निराली
दादी   की   वह   ठाँव   है।
मेरा   प्यारा   गाँव   है।

बड़े-बड़े   वृक्षों   को   देखो
कुँए   और   खेतों   को   देखो
कागा   करे   काँव-काँव   है।
मेरा   प्यारा   गाँव   है।

छप्पर   पर   लौकी   की   बेलें
बच्चे   सभी   उन्हीं   से   खेलें
अपना-अपना   चाव   है।
मेरा   प्यारा   गाँव   है।

टन-टन,   टन-टन   घन्टी   बोली
भाग   रही   बच्चों   की   टोली
लगा   रहे   वह   दाँव   है।
मेरा   प्यारा   गाँव   है।

चार चव

18.

तन मन में उमंग है
फागुन का रंग है।
देखो मिलकर सभी
छान रहे भंग हैं।

राधा भी खेले
विशाखा भी खेले
खेल रहीं सखियाँ
पिया के संग हैं।

पायल भी बाजे
ढोलक भी बाजे
टोली के मन में
आ रहीं तरंग हैं।

19.

बच्चों सुन लो बात सुहानी!

बड़ी पुरानी, मगर सयानी।

पानी को कम खर्च करो तुम

इतना भी अब ध्यान धरो तुम

वरना, याद आयेंगी नानी।

बच्चों सुन लो बात सुहानी।

पानी से है सबका जीवन

वरना है जीवन में उलझन

कहते हैं यह ही सब ज्ञानी।

बच्चों सुन लो बात सुहानी।

चार चवन्

20.

मुन्ना	हुआ	हाईस्कूल	पास
फिर	करना	है	इन्टर	पास
इन्टर	करके	बी.ए.	करना
एम.ए.	करके	खूब	संवरना
पढ़ना	ही	होता	भगवान
पढ़ने	से	बढ़ता	सम्मान

21.

आज   दिवाली   की   है   रात
सब   करते   हैं   मिलकर   बात
आये   घर   में   खील   बताशे
बच्चे   करते   बहुत   तमाशे
लड्डू,   पेड़े,   बर्फी   आई
दीवाली   सबके   मन   भाई
पूजा   करके   दीप   जलाये
खील   बताशे   सबने   खाये
बच्चों   ने   फुलझड़ी   जलायी
अँधियारे   में   ज्योति   जगाई।

चार चवन्

22.

दीवाली की हुई विदाई
आज हुआ है गोवर्धन भाई
गोधन-गोधन ता-ता धिन्ना
और हाथ में लेते गन्ना
कल का दिन है भैया-दौज
बहनों की आयेगी मौज
भाई के टीके होते हैं
भाई फिर दक्षिणा देते हैं।

23.

शाहजहाँ का राज था
बना तभी एक ताज था
पीछे उसके जमुना बहती
हाल ताज का है वह कहती
शाहजहाँ ने बनवाया है
उसे वहाँ दफनाया है
एक पेड़ आँवले का है
नहीं कभी कुछ कहता है
बादशाह बेगम का प्यार अमर है
ताजमहल की बहुत उमर है।

24.

वर्षा   रानी   –   वर्षा   रानी
साथ   लिये   हैं   पानी
पीछे   आये   बादल   राजा
बजा   रहे   वह   अपना   बाजा
झूम   उठी   तब   वर्षा   रानी
वर्षा-रानी   वर्षा-रानी
ढम-ढम-ढम   बज   ढोल   उठे   हैं
वर्षा   के   पग   डोल   उठे   हैं
चारों   तरफ   भरा   है   पानी
वर्षा-रानी   वर्षा-रानी

25.

नन्हीं-नन्हीं बूँदें आयीं
खेतों में हरियाली लायीं
गेहूं की बाली लहराई
तब सबके मन को वह भाई
पूजन का त्योहार ले आई
थाली में गेहूं भर लाई
मेरे देश में सोना उगता
मेरा गाँव सोने का लगता,

26.

पन्द्रह अगस्त जब आता है,
वीरों की याद दिलाता है,
आजाद भगत सिंह वीर हुए
लोकमान्य तिलक से धीर हुए,
सीने पर गोली खाते थे
मस्तक को नहीं झुकाते थे,
भारत माता के लाल थे
बहनों के प्यारे भाई थे
झण्डा घर घर फहराता है
पन्द्रह अगस्त जब आता है,

27.

हम भारत के लाल हैं
कर में लिये मशाल हैं
दुश्मन को मार भगाते हैं
दुश्मन का गर्व घटाते हैं
टैंकों पर चढ़कर जाते हैं
बारूदी गाने गाते हैं
माँ की लाज बचाते हैं
मेहंदी नई रचाते हैं

चार चवन्

28.

फुदक-फुदककर मेंढक आते
आकर अपना नाच दिखाते
टर्र-टर्र की तान मिलाते
डम-डम करके ढोल बजाते
काले बादल जब घिर आते
उन्हें देखकर वह मुस्काते
इन्द्रधनुष की छटा निराली
बिजली तब भरती किलकारी
जैसे बादल बिजली रहते
दोनों ही कष्टों को सहते,

29.

ऊँट	बहुत	ही	प्यारा है,
सब	पशुओं	में	न्यारा है
हर	मौसम	सह	लेता है
प्यासा	भी	रह	लेता है
पानी	में	बह	लेता है
यह	रेगिस्तानी	धरती	का है
सबसे	बड़ा	सहारा है
ऊँट	बहुत	ही	प्यारा है
खाना	भी	कम	खाता है,
सबका	बोझ	उठाता है
लेकिन	चलता	जाता है
जिसने	कभी न	थकना	जाना
यह	ऐसा	बंजारा है,
ऊँट	बहुत	ही	प्यारा है,

30.

डाल-डाल पर बोली बुलबुल

डाल-डाल पर झूली बुलबुल

बच्चों तुम बागों में जाकर

बुलबुल का गाना सुन आओ

जाल डालकर बुलबुल को तुम

कभी पकड़कर मत लाओ

पिंजरे में घबराती बुलबुल

बाहर गीत सुनाती बुलबुल